呀，成语就是历史 第1辑

春秋 ❷

国潮童书 / 著   丁大亮 / 绘

台海出版社

目录

前面我们说到，晋文公要封赏介子推。
但介子推固执地认为，重耳能当上国君是上天的安排，
如果要说功劳，也是上天的功劳！要是大家去领封赏，

那就是
tān tiān zhī gōng
贪 天 之 功。

意思是把上天的功劳给抢了。现在泛指把别人的功劳算在自己身上。

介子推是个拗（niù）脾气，

谁也做不通他的思想工作。
后来，介子推跟晋文公说自己生病了，要回家养病，
还要伺（cì）候老母亲。他带着母亲躲进了深山里。

这下耳根能清净了吧？

介子推

晋文公为了逼介子推现身，下令放火烧山。
没想到介子推和他母亲被烧死在一棵大柳树下。

晋文公肠子都悔青了！

你怎么这么倔呀！

晋文公

为了纪念介子推，晋文公下令：
介子推死的那天
不许生火做饭，
大家都吃冷的食物。
这便是**寒食节**的由来。

寒食节在清明节的前一两天，它代表着人们对忠诚、廉（lián）洁的赞许。不过，在《左传》和《史记》中，介子推并没有这么惨，他躲进深山后，晋文公没有下令放火烧山，而是把整座山作为他的封地赐给他了。

该赏的赏，该罚的罚。在晋文公的用心治理下，
晋国一天比一天强大起来。

该第四部曲了吧？——争霸！

对于称霸这件事，晋文公还真没有怎么想过，
毕竟"流浪"了那么多年，现在年纪大了，国富民安也挺不错！
可是，上天还是安排他一战成霸了！
这一战就是晋国和楚国的**城濮（pú）之战！**

> 我不想打仗！

> 可是我想看看你到底守不守信用！

楚成王　　晋文公

为什么会有这一战？

说起来有点复杂——

①**起因：** 宋襄公死后，被楚国打败的宋国选择归顺楚国。
晋国强大以后，宋国转头又投靠了晋国。
楚国生气了，想要教训宋国这个不听话的国家。

②**过程：** 宋国向晋国寻求保护，晋国就去打归顺楚国的
曹国和卫国，想让楚国去救他们，放弃打宋国。

③**结果：** 楚国不救这两个国家，继续打宋国。
晋国无奈，找来齐国和秦国帮忙。

事情越闹越大，楚成王都不想打了。他对部下子玉说，
晋文公多不容易呀，**在外面尝遍了险阻艰难，**
流亡了十九年才回到晋国。可是子玉非要打，于是就开战了！

差不多就算了吧！

楚成王

子玉

喂！大哥快救我！

您就甭（béng）管了！

楚成王说重耳"险阻艰难，备尝之矣"，几个字就道出了重耳在外流亡十九年的辛酸。

成语

jiān	nán	xiǎn	zǔ
艰	难	险	阻

指前进的过程中遇到的困难、危险和障碍。你要知道，登山的路上总会碰到艰难险阻，只有咬牙坚持才能登上山顶，看到美丽的风景。

一句话概括：

这算是一场为了"面子"的战争吧！

好了，开打吧！

但奇怪的是，楚国一进军，晋军就撤退，一口气后撤了九十里，正好"三舍"，到了城濮。晋文公确实履(lǚ)行了当年"退避三舍"的诺言！

不想和楚国开战的晋文公心里很忐忑（tǎn tè）。

"五贤士"之一的狐偃对他说："打就打吧！
打赢了，有面子，得拥戴；
打输了，我们晋国表里山河，
楚国也灭不了我们。"

狐偃说的

biǎo lǐ shān hé
表 里 山 河

特指晋国外有太行山，内有黄河作为天然的屏障。
现在泛指外和内有山川河流等做屏障，地势险要。

有山有水特安全！

晋文公

狐偃

太行山

黄河

《左传》里说："子犯曰：'战也。战而捷，必得诸侯。若其不捷，表里山河，必无害也。'"

打都打了，晋文公肯定想赢！

他问狐偃要怎样才能打赢楚国。

狐偃教他一招

bīng	bù	yàn	zhà
兵	不	厌	诈

！

"厌"指排斥；"诈"就是欺骗。意思是用兵打仗时不排斥用欺骗的方法来迷惑敌人。

不要像宋襄公那样，要这样干……

晋文公

狐偃

宋襄公

做人要讲原则！

重耳又问大臣雍（yōng）季怎么才能赢。

雍季说打仗还是得靠实力，用欺骗的手段就是

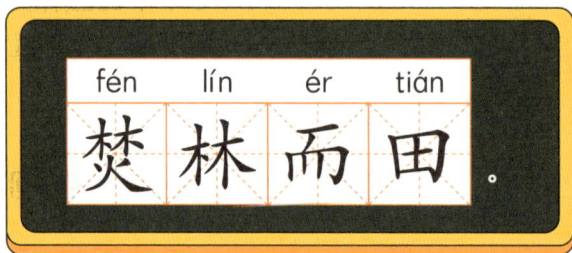

fén	lín	ér	tián
焚	林	而	田

。

"田"同"畋（tián）"，指打猎。这个成语的意思是焚烧山林，猎取野兽。比喻只图眼前的利益，不做长久打算，不考虑以后。

和"焚林而田"意思相近的还有

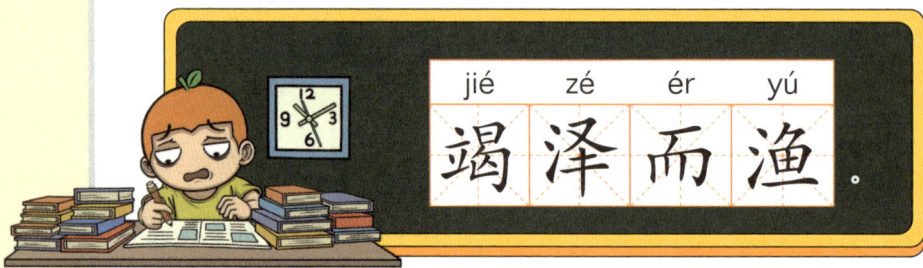

jié	zé	ér	yú
竭	泽	而	渔

。

"竭"是尽的意思；"泽"指池、湖或积水的地方。这个成语指把水塘抽干了捉鱼，这样的话到第二年就没鱼可捉了。还可以写作"涸（hé）泽而渔"。

怎么办？怎么选？

晋文公重耳可不是一般人，

眼前的胜利和长远的发展他都要！

于是，他用狐偃的计策打败了楚军，
但在战后的庆功大会上，他先奖励雍季，
然后才奖励狐偃。

我的选择肯定没错！

狐偃

晋文公

雍季

百年大计

城濮之战后，晋文公在践（jiàn）土举行了**盛大的会盟，**
宋、齐、鲁、郑、蔡、卫等国的国君都参与了。

天子周襄王也派了代表参加，
并正式任命晋文公为**"侯伯"**，
还赏赐给他很多东西，**确立了他的霸主地位！**

感谢天，感谢地，感谢命运！

晋文公

晋文公感谢了一大堆人，
但他最要感谢的人——秦穆公——
却没有来……

4

被"锁住"的霸主

没有到场的秦穆公，**这时候正在反思——**
我上位都二十多年了，
连重耳那个年纪一大把的女婿都成霸主了，
我想称个霸咋这么难呢？

为什么你们都想称霸呢？

秦穆公

不想当霸主的国君不是好国君！

论军事实力，秦国兵多马壮！
兵多是因为秦国没有其他国家只用贵族打仗的规矩，
平民、流民、野民……哪怕你是火星人，
只要愿意加入秦国国籍，都可以当兵。
所以**秦国的军队基本都超编了。**

马壮那就更不用说了，**养马可是祖宗留下的技术呀！**
秦国的祖先非子就是因为马养得好，才被周天子赐了地。

大多数秦人都是**养马能手，**
秦穆公花在"马"上的工夫也不少！

养马技术哪家强？
西边秦国帮帮忙！

比如，那个**挑得出千里马的"伯乐"，**
就被秦穆公挖到秦国当相（xiàng）马专家了。

这个伯乐叫孙阳，郜（gào）国人，
因为他擅（shàn）长分辨马匹的优劣，
大家便称呼他为"伯乐"，
后来倒没人记得他的本名了。

传说天上管理马匹的神仙叫伯乐，于是人们把擅
长分辨马匹优劣的人称为"伯乐"。

都是管马的神仙，伯乐就是弼(bì)马温吗？

你能这么想，说明你是爱思考的小朋友！但是伯乐和弼马温应该没什么关系。很多人讨论过两者的异同，总结一下，大概有下面几种观点：

观点一：两者都是管马的神仙，但弼马温的官位比伯乐高多了，相当于部门主管，伯乐是他手下的员工。

观点二：弼马温是"避马瘟(wēn)"。传说这个官名是玉皇大帝为了侮辱孙悟空专门取的。以前有人认为，在马厩(jiù)里养只母猴子可以避免马得瘟疫。玉帝叫孙悟空当"弼马温"，一是不把他当人，二是嘲弄他是母猴子呢！"弼马温"是写《西游记》的吴承恩编的，是不是真的有，谁知道呢！

观点三：马的祖先叫"伯"，懂马的人当然叫"伯乐"。伯乐也是星宿(xiù)名，天上有个"伯乐"星群呢！

观点四：＿＿＿＿＿＿＿＿＿＿＿＿＿＿（这一点交给你了！）

孙阳的"成名作"是**为楚成王找到了一匹千里马。**
当时，他一连跑了好几个国家都没有收获。
在回楚国的路上，他看到一匹皮肤溃（kuì）烂、
瘦得可怜的马正在拉盐车。盐车沉重，
山路陡峭，这匹马吃力地伸着蹄子，
弯着膝盖，口里吐着白沫，
身上流着汗水……

这就是 jì fú yán chē
骥 服 盐 车。

意思是让骏马来拉盐车。比喻人才被埋没，或有才却
不能施展。"骥"是骏马；"服"指驾驭。

孙阳一眼就看出这是匹千里马，
它现在的可怜样真让他心疼呀！他脱下袍子盖在马身上，
趴在马背上哭起来。**马被感动了，**
发出了一声长长的嘶鸣（sī míng），好像在对他说什么。

伯乐孙阳

你可是千里马呀！

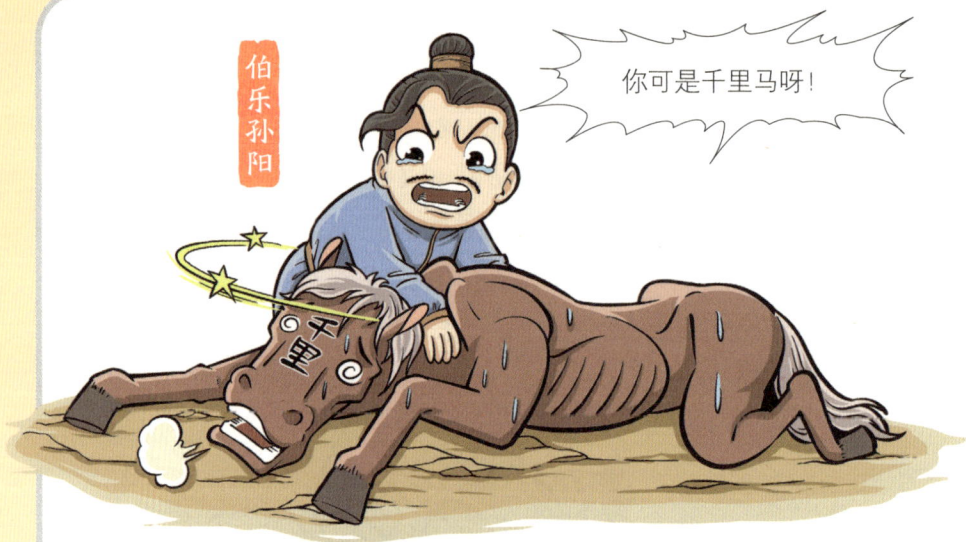

这里有个成语——
bó	lè	kū	jì
伯	乐	哭	骥

它也和人才有关，比喻善于识别人才和爱惜人才。

这样又瘦又脏的马是千里马？
普通人还真看不出！

所以你明白为什么要用神仙的名字"伯乐"来叫孙阳了吧！楚成王一开始怀疑孙阳在逗他玩儿，但这匹马经过一段时间的精心调养后，**居然大变样儿！**

楚成王骑上马背，千里马一撒欢，

只一呼一吸之间就跑出了老远。

楚成王喜欢得不得了，给孙阳点了一个大大的赞！

双赢！

伯乐孙阳

互相成就

互相选择

这就是 伯乐相马 的故事。
bó lè xiàng mǎ

现在大家常用"伯乐相马"比喻有眼力的人善于发现并推荐人才。而善于发现、推荐人才的人，人们就叫他"伯乐"。

孙阳成了伯乐，**业务繁忙起来了。**
有个人在集市上卖马，三天了都没有人来问。
卖马的人请孙阳去看看他的马，只要孙阳绕着马儿转几圈，
临走时再回过头看一眼就成。

左三圈右三圈，脖子扭扭……

伯乐孙阳

结果孙阳这一扭头就成了

bó	lè	yī	gù
伯	乐	一	顾

这"一顾"立刻让马的身价涨到千金，
于是人们就说这是**"千金一顾"**。

"伯乐一顾"比喻受到名人称许或重视。"顾"是回头看的意思。**你可以这样用**：我苦练钢琴，就是希望比赛时能得到评委老师的伯乐一顾。

这样的神仙人才，不能错过！

秦穆公将孙阳找来，一点也没犹豫就重用了他。

孙阳为秦国挑选了许多骏马，在武装军队方面做出了巨大的贡献，

据说他因此被封为 **"伯乐将军"**。

秦穆公

您才是伯乐的伯乐！

伯乐孙阳

神仙不会老不会死，但人会呀！

孙阳的年纪大了，秦穆公开始考虑伯乐的接班人问题。

他问："伯乐，您的子孙中，有相马技术和您一样好的吗？"

这问题太扎心了！

伯乐虽然自己相马厉害，还写出了我国第一本有插图的相马教科书——**《相马经》**，
但他的儿子天生不是相马的料！
伯乐的儿子也很想成为相马大师，他把老爸的《相马经》一字不差地背下来，并照着书上画的图去找千里马。

咦？找到了？这么容易的吗？

"额头隆起，眼睛明亮，蹄子大"——
这不正符合《相马经》里千里马的标准外形吗？
嘿嘿，赶紧抓回家拿给老爸看！

> 老爸，看我找的千里马！就是蹄子稍微差点。

伯乐 孙阳

呱

> 你自己试试，它能骑吗？

《相马经》里有"隆（lóng）颡（sǎng）跌日，蹄如累曲（qū）"的描述，指千里马的特征是：额头高高的，眼睛鼓鼓的，蹄子像叠起来的酒曲。

这是什么大乌龙呀！

儿子闹出这样的笑话，伯乐没有骂他，

只是用 | àn | tú | suǒ | jùn |
按 | 图 | 索 | 骏 | 评价他的行为。

这个成语也写作

| àn | tú | suǒ | jì |
按 | 图 | 索 | 骥 |。

意思是按照图上画的样子去寻找好马。"骥"和"骏"都是指骏马；"索"是"寻找"的意思。

注意！ "按图索骥" **本来是带有贬义的，** 意思是做事死板、不懂变通。现在用得多的反而是它的正面意思——按照线索去寻找目标。

你可以这样用： 我用手机按图索骥，一下就找到了去同学家的路。

所以，遇到这个成语时，你一定要

根据上下文来辨别它的意思，

千万别像伯乐的儿子一样闹出笑话！

咱们继续说伯乐接班人的事儿。

其实伯乐心中有一个最佳人选——**九方皋**（gāo）。

伯乐对秦穆公说："九方皋是我的老朋友，
他的相马技术比我还厉害呢！"

竟然还有比专家更厉害的人？

秦穆公不太相信，给前来面试的九方皋出了一道题：
找一匹千里马。

您的黑公马到了，麻烦验货，签收！

秦穆公

可是我明明收到消息，说寄来的是黄色母马呀？

《列子》记载，九方皋说他找到的千里马是"牝（pìn）
而黄"，而秦穆公看到的是"牡（mǔ）而骊（lí）"。
"牝"是"母"，"牡"是"公"，而"黄""骊"
分别指黄色和黑色。

这时候，**伯乐赶紧站出来打圆场，**
说九方皋相马重视的是马的精神面貌，
并不在意马的形体、性别、毛色。
也就是说，他只专注于他觉得重要的方面，
忽略了那些他认为不重要的方面。

成语

pìn	mǔ	lí	huáng
牝	牡	骊	黄

由此而来，

原意是说观察事物要注重本质，不在乎外表怎样。现在这个成语则常用来比喻事物的表面现象。**你可以这样用：**我们看待事物一定不要拘泥于牝牡骊黄，要善于发现本质。

说了一堆的"马"事，要干吗？

你还没看出来吗？ **"马＋兵＝骑兵"啊！**
秦国拥有春秋时最特别的兵种——**骑兵！**
"尊王攘夷"中的那些"夷"，大部分是骑马打仗的，
周天子和诸侯们没一个顶得住。但是秦国的骑兵却
分分钟就可以把他们打趴下！

厉害吧？

打蛮夷有啥意思呀？

刚当上国君时，秦穆公的理想是"饮(yìn)马黄河"——
让马儿到黄河边去喝水。黄河在哪儿？在东边，在晋国呢！
秦国实力再强又怎么样？
重耳的爸爸——晋献公早就有防备了：

想饮马黄河？先问问我同不同意！

上这么多锁，
你是有多怕我？

秦穆公

函谷
茅津
崤山

晋献公

秦穆公只好思考解决办法。

方案一：打过去？

晋国的大军又不是泥巴捏(niē)的！成本高，可行性低，**过！**

方案二：结个亲？ 成本低，操作性强，**行！**

秦穆公灵机一动： 自己二十来岁，还没娶老婆呢！
要是娶晋献公的女儿，变成他的女婿……

这事太划算了！ 成了一家人，到时候自己想要称霸，岳父大人就算不支持，也不会反对！于是秦穆公向晋献公提亲，晋献公爽快地答应了，把大女儿伯姬嫁给了他。

秦国和晋国从此由普通邻居关系直接跳进了**"蜜月期"**。

这就是 qín jìn zhī hǎo 秦 晋 之 好 的开始。

从这以后，秦晋两国就总是嫁嫁娶娶的。
现在人们也把男女结婚这件事情叫作"秦晋之好"。
注意"好"的读音是 hǎo。

女儿出嫁，晋献公办得风风光光的，陪嫁的东西是顶好的，
陪嫁的奴隶（lì）也格外不同——连从虞国俘虏来的大夫

百里奚都被用来当陪嫁了！ 晋献公万万想不到，
百里奚才是他送给秦国最好的礼物！

> 诸侯满地走，大夫陪嫁了（liǎo）——也就春秋战国这样！

秦穆公

伯姬

陪嫁盲盒

惊喜

百里奚

就是这个男人，凭自己的力量，把秦国推上了**第一个高峰！**
（第二个高峰要归功于商鞅，那是后面要说的事儿了。）

都六七十岁了还是个奴隶， 百里奚混得真的挺惨的。
到了秦国，他受不了当奴隶的苦，
瞅（chǒu）准时机逃到楚国放牛去了。
他养牛养得不错，居然出了名，连楚成王都好奇地去找他。

你养牛的绝招是啥?

百里奚

楚成王

合体!我是牛,牛是我!

这套办法的简称就是"**心与牛一**"。

你没听过吧?其实我也没有!

它和我们现在用得比较多的

jiāng	xīn	bǐ	xīn
将	心	比	心

、

shè	shēn	chǔ	dì
设	身	处	地

、

tuī	jǐ	jí	rén
推	己	及	人

等成语的意思接近,都是说把自己当成对方去比照,设想对方的心情、想法、处境等,为对方着想,能体谅(liàng)别人。

还有 **以己度人**（yǐ jǐ duó rén），

指拿自己的想法来衡量或揣（chuǎi）度别人。不过，前面"将心比心"等三个成语都含褒义，而"以己度人"多指错误地、主观地揣测别人，多含贬义。

人才呀！不，不，这是天才！

楚成王和秦穆公都觉得百里奚这养牛的方法不错，得好好用用——

你来做我的马夫，替我养马！

养牛——心与牛—

秦穆公

百里奚

楚成王

你来做我的大夫，帮我治理国家！

秦穆公这 **举一反三**（jǔ yī fǎn sān）的水平真不错！

"举一反三"是《论语（lún yǔ）》里的成语，现在比喻从一件事类推而知道许多的事情。"反"就是类推的意思。**你可以这样用：**妈妈说，做数学题要学会举一反三，将学到的知识灵活运用起来。

为了迷惑楚成王，秦穆公严格遵守 **"五张黑色公羊皮换一个奴隶"** 的市价，用最少的代价换回了百里奚。之后，百里奚被秦穆公拜为大夫，受到了秦国人的喜爱，获得了 **"五羖（gǔ）大夫"** 的荣誉称号。"羖"就是公羊的意思。

这 **"羊皮换贤"** 的生意太划算了，买一赠四呀！

百里奚向秦穆公大力推荐他的朋友蹇（jiǎn）叔。这两个七十多岁的老人像鲍叔牙和管仲一样，在生活中有着深厚的友谊，在工作上是好搭档。百里奚的儿子孟明视，蹇叔的儿子西乞术、白乙丙，三人打仗都十分了得，也成了秦穆公的手下。

西乞术　白乙丙　蹇叔　秦穆公　百里奚　孟明视

古代人的称呼有姓、氏、名、字。孟明视、西乞术、白乙丙用的"字 + 名"的称呼方式。如果用"氏 + 名"来称呼，他们就叫百里视、蹇术、蹇丙。

有了百里奚和蹇叔的超强辅助，秦国简直跟"开挂"了一样，

国内生产总值噌噌地往上涨！

现在，论经济实力，秦国也是一流大国了。
那，饮马黄河不是梦了吧？

还是做梦！

秦穆公为了用最省力的办法打开东进的"大锁"，
又娶老婆又嫁女儿的，折腾（zhē teng）了好多年，
却被他一手扶持起来的晋惠公、晋怀公这对父子气得吐血！
前面说过的不再重复了，

但晋国的招数可不止那些！

晋惠公上台后，晋国连续几年发生灾害，国内粮食储备严重不足。
他厚着脸皮派人向秦国求助，想买点粮食。

秦国的大臣们意见不统一。

好机会呀，咱们可以趁机打晋国。

寒叔

秦穆公

百里奚

借吧，老天的事说不准，今年
闹灾明年可能会丰收。

晋惠公当年说话不算话，得罪了您，
但是他的百姓没有罪呀！

秦穆公觉得百里奚说得对，他是要称霸的人，要讲道义。
于是秦穆公派了许多船载满粮食运往晋国。
从秦国的都城到晋国的都城，运输粮食的船挂着白帆，连成一线，
好壮观呀！这就是 **"泛舟之役（yì）"。**

秦穆公够意思了吧？ 但是，

他真的想不到，有的人可以无限降低自己的底线。
第二年，秦国发生了饥荒，秦穆公向晋惠公借粮。

不借！

百里奚

秦穆公

晋惠公

别急，这下咱们有理由打他了！

于是就发生了前一章讲的秦攻晋的战争。

"秦晋之好"就这样被生生毁了！

让秦穆公欣慰的是，他后来扶持的晋文公重耳确实不错。
但是没想到，晋文公居然刚上位几年就成了霸主！

心酸！好心酸！好心酸哟！

酸梅汤也没有我的心酸啊！

秦穆公

不过，**只要熬得住，总会有机会的！**

秦穆公熬啊熬，熬死了晋文公重耳。晋国忙着办丧（sāng）事，
秦穆公决定趁机拿下郑国，搞块垫脚石。
打郑国还不容易？在上次和晋国联合的军事行动中，
秦国已经在郑国留了自己人杞（qǐ）子，
现在他就在郑国都城的北门守着呢！

杞子

大王，半夜悄悄来，我给您开门！

秦穆公

běi	mén	suǒ	yuè
北	门	锁	钥

在手，这场战
斗没啥难度。

这个成语原指北城门上的锁和钥匙。后来比喻北方的军
事重镇或泛指军事要地。也指担当北方防守御敌重任的
人。注意："钥"不读"yào"。

秦穆公非常重视这次行动，把秦国的老底儿都掏了出来，**就想赌（dǔ）一把！** 孟明视、西乞术、白乙丙三位将军也在给战士们战前打气，**蹇叔却来"砸（zá）场子"了！**

蹇叔说秦穆公打郑国是

láo	shī	xí	yuǎn
劳	师	袭	远

。

意思是发动军队袭击远方的敌人。现在常用来指冒险的军事活动。

跑去打一千多里外的国家，还叫搞偷袭？！

蹇叔

秦穆公

你不懂，这叫逆向思维！

更要命的是，大军出发时蹇叔一边号（háo）哭，一边说他是来送葬（zàng）的。他认为秦军这一去，怕是没命回来了。**这就是"蹇叔哭师"的典故。**

我会去给你们收尸的！

蹇叔

秦穆公

呸呸呸，你个乌鸦嘴！

但是，秦穆公在西边憋（biē）屈了几十年，
早就憋不住了！
他直接开骂——你知道什么，别在这儿乱我军心！

秦穆公骂蹇叔时用了个成语——

mù	mù	yǐ	gǒng
墓	木	已	拱

"拱"指双手合围。这个成语的意思是坟墓上的树已经长到双手合抱那么粗了。形容时光流逝，人已经死去很久。多用于感叹，不是真的用来骂人的！

看秦穆公这气势，塞叔就是哭死了也没用。
秦国军队还是出发去偷袭郑国了。

秦军穿过函谷关，走出崤山，见到了有人烟的城镇。
可是他们居然也不避开城镇，就这样嘴里吹着牛皮，
脸上嘻嘻哈哈，**在所有人的见证下继续向东走。**

不是要偷袭吗？怎么这么……

刚到滑国，一个叫弦高的郑国商人找上门来。
这弦高真是个神人！
他一边找人报告郑穆公，一边扮成郑国的使者去见孟明视。

我们郑国很好客的，国君特地派我来统计订房人数。

啊？难道我们暴露了？

弦高

孟明视

郑穆公收到消息，急忙派人调查杞子和他的伙伴们，
发现他们果然在"**束载**（shù zài）**、厉兵、秣**（mò）**马**"，
也就是人人装束完毕，战车装配齐全，兵器磨得雪亮，
马喂得饱饱的，**基本进入备战状态了！**

成语 厉兵秣马
lì bīng mò mǎ

意思上面说了，就是把兵器磨锋利，把战马喂饱。形容做好战前准备，也比喻事前做好准备工作。"厉"同"砺"，是磨的意思；"秣"是喂牲口。和它意思相反的成语"马放南山"我们以前学过。**你可以这样用：**他正在厉兵秣马，准备拿下举重比赛的第一名。

杞子等人被发现，不敢回秦国，就逃到别的国家去了。
孟明视能怎么办呢？人家啥都知道了，还偷袭什么？

郑国这只肥鸭子飞了！ 孟明视不想空手回去交差，
顺手就把滑国给灭了。然后大军吃饱喝好，抢了金银珠宝
准备回国。**可他不知道的是——**

一场真正的偷袭战，一场大规模伏击战，

不，一场大屠杀正在等着秦军！

> 不来给我老爸奔丧，还灭我朋友！走，干架去！

晋襄公

> 穿白色丧服不吉利，把衣服染黑了再去吧！

　　正在给晋文公办丧事的晋襄公对秦国的行为很不满，

决定给秦国一个教训！

　　晋襄公和将军先轸，带着晋军埋伏在最狭窄的崤山道山顶上。
崤山道是秦军回国的必经之路。
等秦军慢悠悠地走到这里，晋军堵死前、后两头，
从山顶上向下射箭、滚石头，

就把秦军全干掉了！

　　孟明视等三位将军还剩了一口气，
先轸把他们从死人堆里翻出来，**带回去报功。**

不听老人言，吃亏在眼前呀！

晋襄公原本打算杀了孟明视等三人，但是怀嬴（晋文公的老婆，秦穆公的女儿）站出来求情。她说打了败仗，秦穆公对这三人**肯定恨到骨子里**去了，不如放回去，让秦穆公收拾他们。

hèn	zhī	rù	gǔ
恨	之	入	骨

形容对人痛恨到了极点。

怀嬴这说法很有效，
晋襄公立马放了孟明视三人。

先轸知道了，气得在晋襄公面前吐口水，
说自己花费了老大力气才抓到敌人，
别人说几句话晋襄公就把他们放了。晋国就要灭亡了！

被胜利冲昏了头的晋襄公醒悟过来，赶紧叫人去追。

追到黄河边，孟明视等三人已经上船了。

孟明视还**立下誓言：** "感谢不杀之恩，
三年后我会回来报答你们的恩情的！"

"三年将拜君赐"出自《左传》的名篇《秦晋崤之战》。
这句话表面说要报恩，实际上是想报仇。

从此，秦国跟晋国撕破了脸。

两年后，秦国缓过劲来，秦穆公脑子又一热，
命孟明视带大军去打晋国。**结果？又失败了！**

这打脸来得也太快了！

bài	cì	zhī	shī
拜	赐	之	师

这个成语流传开来，

专门用来讽刺为复仇而又失败的军队。

这不是还没到三年吗？

孟明视

拜赐之师

又是一年，晋襄公带着主力部队去打东边的卫国。

机会来了！ 孟明视请秦穆公亲自带队攻打晋国。秦军向东渡过黄河后，孟明视下令烧毁船只。

成语 jì hé fén zhōu 济 河 焚 舟 就是这样来的。

这个成语好理解吧？就是渡过了河，把船烧掉。形容把退路断掉，拼死一战。也比喻做事决心干到底。

断了退路，秦军士气高涨，

结果——**打赢了！面子争回来了！**

秦军在晋国境内扫荡了一遍，然后来到崤山，

掩埋了三年前在这里战死的秦军士兵的遗骨，就回秦国了。

大王，咱们不如一口气把晋国拿下吧！

孟明视

秦穆公

不行！你真以为咱们吃得下晋国？

从此以后，秦穆公就放下了东进的执念，

而是把这三分遗憾、三分苦闷、四分不甘心都撒在了西戎身上。

打西戎是秦国的特长呀！

"益国十二，开地千里"（意思是灭了十二个蛮夷小国，

国土扩张了上千里），**秦国在东边得不到的，**

全都在西边搞定了！

天子周襄王为秦穆公送来**金鼓**庆贺，还封他为
"西方诸侯之伯"。虽然不是中原霸主，
但是**秦穆公也是霸主了！**

看来之前是路线没找准。东边行不通，西边倒是很通呀！

秦穆公

唉，执念太重啦！

很多人认为秦穆公是春秋时期最有道义的霸主，
但他死后却用一百七十多个活人陪葬，给自己的"道义"人生
抹上了污点。这些陪葬的人中，还包括三位才能出众、
为秦国做出很大贡献的大臣。

秦国百姓为三位大臣创作了诗歌**《黄鸟》**，来表达哀伤。
这首诗保存在**《诗经·秦风》**里。
其中有两句话在诗歌中反复出现，后来演变成了**两个成语。**

一句是"**临其穴**（xué），**惴惴其栗**（lì）"，
意思是人们走近那深深的坟坑，害怕得全身颤抖起来。

成语	zhuì	zhuì	bù	ān	就从这里来。
	惴	惴	不	安

形容因担心、害怕而感到不安。**你可以这样用：** 我犯错后，惴惴不安地走进老师的办公室。

另一句是"**如可赎**（shú）**兮，人百其身**"，
意思是如果能够把大臣们换回来，我情愿死一百次。

这就有了成语	bǎi	shēn	mò	shú
	百	身	莫	赎

意思是自己就算死一百次，也没办法把死者换回来了。表示对死者的沉重悼（dào）念。后来也形容人的罪恶很大，让他死一百次也抵消不了他的罪孽（niè）。

瞧这事干的！ 秦穆公英名受损事小，人才损失事大。这以后，秦国想要打开那把东进的"大锁"，**还要等三百多年！**

5

楚庄王？ "楚装王"！

秦穆公离开人世前，还在不甘心地念叨着"饮马黄河"，可惜他没有机会了。几年以后，在南边的楚国，不到二十岁的熊旅成了楚庄王，在中原各诸侯国怀疑、惊叹、看不起又害怕的目光中，

成了真正饮马黄河的霸主！

> 这马待遇不错呀，长江、黄河的水都喝得到！

楚庄王

> 当然，王的马！

> 楚国的君主称王，是从楚武王熊通开始的。原本熊通要周天子封他做楚武公，可当时楚国人一直被当作"蛮夷"看待，周天子怎么可能答应？熊通就干脆自封为王了。

楚庄王刚上位的时候，一点儿"霸主"的样子都没有，**倒像个十足的"废柴"！**

不管是别的国家打了他的邻国，打到他的家门口；

还是自己国家的大小事务，他就两个字：**不管！**

楚庄王每天吃喝玩乐，还放话警告臣子们：

谁来劝我，我就杀谁！

楚庄王不关心国家和百姓，**但对马是真爱——**他让自己最喜欢的马住宽敞干净的大厅，睡清凉的竹席，吃美味的枣肉，披华丽的绸缎（chóu duàn）。

然后，**这匹马把自己吃死了！**

楚庄王很伤心，要给马安排一个大夫品级的葬礼。
什么？太离谱了！ 大臣们不敢劝他，怕被杀头。
这时，擅长讽谏的优孟出场了。

> 王的马，用王的葬礼规格吧！让天下人都知道，您对马比对人好。

楚庄王

优孟

> 这……不太好吧？

优孟的话让楚庄王打消了原来的念头。

这就是"庄王葬马"的典故。

楚庄王自由放纵了三年，连老天都看不下去了。
这一年，楚国西南发生了大饥荒，戎人趁机攻打楚国，
楚国的邻居庸（yōng）国也闹事造反。
有个叫伍举的大夫想了个办法去劝楚庄王。

山上有一只大鸟，它长得挺好看的。但三年了，它既不叫，也不飞。它是什么鸟？

A. 老鸟
B. 懒鸟
C. 傻鸟
D. 神鸟

伍举

楚庄王

我选 D ！

楚庄王知道伍举是在说他，就说："**此鸟不飞则已，一飞冲天；不鸣则已，一鸣惊人。**"意思是：三年不飞的鸟，一飞必定冲天；三年不鸣的鸟，一鸣必定惊人。

yī	fēi	chōng	tiān		yī	míng	jīng	rén
一	飞	冲	天	和	一	鸣	惊	人

就是从这里来的。都是指平时没有突出的表现，一下子做出惊人的成绩。**你可以这样用：**年仅十四岁的全红婵在东京奥运会上夺得跳水冠军，一鸣惊人！

伍举眼睛一亮——

哟，这大王挺有志气，还挺能"装"！

他高高兴兴地回去等"神鸟"起飞了。可是几个月过去了，楚庄王还在混日子，一点变化也没有。

唉！造反的流民马上打进国都郢（yǐng）都了，大臣们都在议论要不要赶紧跑路。

这时，不怕死的大臣苏从闯进楚庄王的宫殿，

像哭丧一样大哭起来。

他说："您要杀就杀吧！我死了是忠臣，可您是昏君！"

第二天，楚庄王就不"装"了，他准时上朝开会，

给大臣们出选择题： 敌人打到家门口了，怎么办？
选打仗抵抗的站 A 区，选逃跑迁都的站 B 区。

A 区　　　　　　　B 区

打！打！

伍举　优孟　楚庄王　还是逃吧？

苏从

赏　杀

大家选好后，楚庄王把选择投降的臣子们全杀了！

一出手就是生死题，楚庄王选人的方法太生猛了！

你知道吗？楚庄王以前爱打猎，并不是纯粹为了玩乐，而是在选人！
他认为，打猎的时候，人们的表现不同，自身的特点也不同。

抓住犀牛的角搏斗的人

大力士

用木棍杀虎豹的人

勇士

和人分享猎物的人

爱心人士

我有我的道理，懂？

楚庄王

你以为他真要杀了劝谏的人？不，他在试探臣子的忠诚！
你以为他真的给你两个选择？呵呵，
他这是在选人组队，准备平定叛乱呀！

平乱战斗，平乱战斗！还需要四人组队！

楚庄王

楚

楚

进入挑战

现在队伍里都是和他一条心的人了，**楚庄王要认真了！**
他亲自率领大军攻打造反队伍的"老大"——庸国，
并且三两下就干掉了它。打仗赢了要开个派对庆祝一下，
楚庄王请大家来宫里**海吃海喝加"蹦迪"。**

　　突然一阵风把蜡烛吹灭了，有个将领喝醉了，
　　去拉扯楚庄王宠妃的衣服。这个宠妃很机智，
　　扯下了那个人帽子上的红缨（yīng），并告诉楚庄王，
　　点燃蜡烛，谁帽子上的红缨断了，谁就是那个无礼的人。

楚庄王不同意。他觉得在场的人都是功臣，
自己不能因为这件事就处罚他们。
于是楚庄王来了个**"绝缨之宴"**，饶恕了那名将领。
这里的"绝"是断的意思。

下一个环节——大家黑咕隆咚脱帽！

楚庄王

动次 动次 动次……

咦？这个国君好像还不错呀！
因为楚庄王的宽容，大家对他的印象好多了。

这个事件还有后续呢！
几年后，楚国和晋国打仗，那名将领拼力死战，大败敌军，
报答了楚庄王的饶恕之恩。

现在国内太平，楚庄王想去"国际大舞台"上"一飞冲天"了。

搞点什么行动呢？
既然大家都在"尊王攘夷"，
那我也要追上潮流呀！楚庄王立刻打着"勤王"的旗号，
出兵攻打住在崤山附近的陆浑之戎（一个游牧部落）。

放下武器，不要做无谓的抵抗！

陆浑之戎

楚庄王

尊王攘夷

你是谁？我们为什么要听你的？

没费什么工夫，陆浑之戎就被打趴下了。

"攘夷"完毕，下一步该"尊王"了！

楚庄王又领着大军，来到周天子所在的都城洛邑。

你、你、你……想干什么？

周定王

嘿嘿，我来勤（擒）王呀！

楚庄王

尊王攘夷

"勤王"指君主因为内乱或外敌强攻，地位受到威胁时，臣子发兵救援。"勤"是尽力的意思。

周定王被楚庄王吓了一跳，
楚国这个最让他烦心的"夷"来"尊"他，有什么阴谋吧？
周定王派**王孙满**带着好酒好肉犒（kào）劳楚军，
实际上是去打探楚庄王的真正目的。

楚庄王大大方方地向王孙满炫（xuàn）耀楚国的军队，
一点也不怕王孙满知道自己的实力。
然后他问了一个震惊天下的问题：
周天子的九鼎有多重呀？

强盗（dào）啊！ 还是个 不合格的强盗！

惦（diàn）记人家家里的东西，也不先做好功课，
居然当面问主人家！王孙满很机警，他明白楚庄王的意思，
于是不慌不忙地向楚庄王普及了九鼎的知识，
又讲了关于九鼎的故事。

最后总结，治理天下"在德不在鼎"。

王孙满的这句话像一口大钟，敲在楚庄王的心上。

他开始思考"德"对于楚国发展和称霸的意义。

不得不说，楚庄王确实有悟性！

第二天他就带着大军回国，并向王孙满保证，
以后周天子有什么事，尽管吩咐（fēn fù）。

好走，不送！最好别再来了！

王孙满

周定王

走了，积"德"去了！

楚庄王

wèn dǐng zhōng yuán

楚庄王 **问 鼎 中 原** 之旅就此结束了。

从此以后，人们把企图夺取天下的行为称为"问鼎中原"。
"中原"一般指黄河中下游一带。

楚庄王回了国，**还真想着用"德"来收服别人的心！**
这不，他得到一只巨大的鼋（yuán，淡水鳖中体形最大的一种），
立马送给郑国刚上位的郑灵公。郑灵公非常开心，
喊大臣们一起吃。**为了制造惊喜，**
他还神神秘秘地说是叫大家来开会。

> 楚庄王真够意思！

郑灵公

跟着我有肉吃，
记得多帮我宣传宣传啊！
楚庄王

100千克

吃肉就吃肉，怎么后来还闹起别扭了？

原来郑国的大夫公子宋有一个**特异功能——**

只要他的食指抖动，就表示有好吃的。

他和公子子家到宫里一看，**果然！** 两人都笑起来。

郑灵公知道了，就想捉弄公子宋。

> 公子宋，你的食指有没有告诉你，这大鼋汤你只能看，吃不到呀！

公子宋

郑灵公

> 这可怪不得我！

玩笑开大了！

公子宋气炸了，他感觉自己不仅没吃到美味，还被人笑话了。

他站起来，走到郑灵公面前，

把食指放进盛大鼋汤的鼎里，钩出一块肉送到嘴里，

舔了舔食指，说了句"味道还不错"，就走了。

郑灵公气坏了，大喊着要杀了公子宋。

公子宋当然不可能等着他来杀，于是拉着公子子家

把郑灵公干掉了。

楚庄王，你送个东西要了我的命呀！

郑灵公

做国君，不要随便开玩笑！

这之后，"吃货"们就多了一个专用成语——

shí zhǐ dà dòng
食指大动。

原指有美味可吃的预兆。现在多用来形容看到好吃的东西而贪婪（lán）的样子。

这个故事还诞生了一个成语——

rǎn zhǐ yú dǐng
染指于鼎。

意思是把手伸进鼎里蘸（zhàn）点汤。比喻沾取不属于自己的利益。

你看楚庄王问问鼎的重量都不行，公子宋把手指放进鼎里去，不是更过分吗？难怪郑灵公会生气！

关于吃的成语那么多，古代"吃货"你知道多少？

中国的美食文化太发达了，一说到吃，大家就停不下来。从关于吃的成语上来看，古代的"吃货"也不少！

第一个要说的是生活在春秋时期的孔子。不管条件好坏，孔子对吃的品质要求都很高。他提出"八不食"：粮食陈旧或变味，不吃；鱼肉不新鲜，不吃；食物颜色难看，不吃；气味难闻，不吃；烹调方法不对，不吃；没到吃饭的时间，不吃……他还把"吃"的经验总结为成语

shí	bù	yàn	jīng
食	不	厌	精

kuài	bù	yàn	xì
脍	不	厌	细

"厌"是满足；"脍"指细切的肉和鱼。这个成语的意思是米舂（chōng，把东西放进容器里捣，使破碎或去皮壳）得越精越好，肉或鱼切得越细越好。形容讲究饮食。要求这么高，难怪大家都说孔子是个资深"吃货"！

第二个要说的是一位美食发明家——汉朝的刘安。他的爱好是修仙，却发明了被大家称为"神仙美食"的豆腐。

这第三位"吃货"，当然要数清朝才子袁枚了！他不但爱吃，还写了一本《随园食单》。在书里，袁枚详细论述了 326 种南北菜肴饭点和美酒名茶，还介绍了各种烹饪技巧。

郑国这事儿吧，还真不能让楚庄王背黑锅。
谁知道郑灵公这么喜欢开玩笑，
谁又知道郑国人这么开不起玩笑呢？
楚庄王现在也顾不上那头，他正忙着自己国内的一摊子事呢！

láng	zǐ	yě	xīn
狼	子	野	心

的斗越椒（jiāo）
掀起了内乱。

成语"狼子野心"的意思是狼崽子虽然幼小，却已经有凶恶的本性，不好驯服。比喻凶暴的人怀有险恶的野心。

楚庄王派神射手养由基用

bǎi	bù	chuān	yáng
百	步	穿	杨

的神之一箭搞定了他。

"百步穿杨"的意思很简单，指能射中百步以外的杨柳树叶，现在形容射箭或者射击技术很高明。比如，为了能在下次的弹弓比赛中获胜，他正在苦练本领，以求百步穿杨。

斗越椒的射箭技术也很牛，但是

牛人怎么能跟神人比呢？

斗越椒死了。楚国的令尹，也就是最高官职空缺了。

要知道，在楚庄王"装"的那些日子里，

楚国的运转全靠令尹。可以这么说：

楚国可以没有楚庄王，但是不能没有令尹！

这时候，有人向楚庄王推荐了**孙叔敖**（áo）**。**

说我没头发？我是聪明绝顶好不好！

孙叔敖

孙叔敖被后世称赞为"功同大禹"。他擅长治水、修渠，是农田水利方面的专家。两千六百多年前他主持修建的芍陂（què bēi）经过多次修整，现在还在发挥作用呢！

孙叔敖是个"全能"选手：
他会治水也会"治人"，会治军也会治国。

楚庄王问他，如果他当令尹，楚国要几年才能具备称霸的实力？

三年！ 孙叔敖想了半天，给了这个精确的数据。

三年？这么快？ 楚庄王吓了一大跳。

事实证明，孙叔敖还真没吹牛，

他用**数字化管理的办法**治理国家，

三年后，楚国果然国力大增。

不是说好了要做成表格吗？一个数据也没有，满篇都是套话！

孙叔敖

《列女传》说："王以（孙叔敖）为令尹，治楚三季而庄王以霸。"可见孙叔敖治国本领多么强。司马迁的《史记·循吏列传》中，第一个写的就是孙叔敖。（"循吏"指遵守法令制度，不违法徇私的好官。）

没想到，孙叔敖才**三十八岁**就因为长期过度劳累而生病去世了。他一生清廉，**死后家里穷得都揭不开锅，**他的儿子只能以砍柴为生。这时，那个用笑话劝谏楚庄王葬马的优孟，又做了件有意思的事情来帮忙。

一天，宫里开派对，优孟打扮成孙叔敖的样子来到
楚庄王面前。楚庄王一见到他，就想起孙叔敖的各种好。
优孟趁机把孙叔敖儿子的事情告诉了他。

楚庄王觉得自己没有照
顾好孙叔敖的子孙，
非常内疚（jiù），
就召见孙叔敖的儿子，
赏赐土地与奴仆给他。

多照顾他的后人吧！

孙叔敖的儿子按照父亲临死前的嘱咐，
选了"寝（qǐn）丘"这个地方。寝丘可不是什么宝地，
这里土地不肥，没什么矿产资源，位置偏僻（pì），
名字听起来像是坟地，特别不吉利。

这样一个地方，其他人根本不稀罕（xī han）。

后来，楚国发生了很长时间的动乱，
好的封地经常更换主人，**只有寝丘没人要。**
孙叔敖的子孙后代就这样长长久久地在这里住下去了。

这样看来，平安之地就是宝地呀！

与这块地有关的成语是

qǐn	qiū	zhī	zhì
寝	丘	之	志

不管啥奖，有奖我就知足啦！

它和成语

zhī	zú	cháng	lè
知	足	常	乐

意思相近。

两个成语都指人不和其他人发生争执，
知道满足就经常快乐。

能让人安心睡觉的地方，就是宝地！

孙叔敖

我都好久没睡个好觉了……

优孟呢？他也因为这件事有了**专属的成语——**

yōu mèng yī guān
优 孟 衣 冠。

指登场演戏。现在带贬义，常用来比喻单纯地模仿，只在外表、形式上相似，缺少创造力。**你可以这样用：**我总想模仿班上朗读课文特别好的同学，但是老师告诉我，每个人对课文的理解不同，读出来会有自己的味道，不用优孟衣冠地模仿别人。

前面说过，郑灵公因为吃大鼋汤死了，他的弟弟郑襄公继位。郑襄公对楚国的好意有了阴影，在楚国和晋国之间当了几年"墙头草"，最后鼓起勇气选了晋国做靠山。他这一选，

必然要引起楚庄王的不满！

楚庄王领兵攻打郑国，选错靠山的郑襄公开始经历

一场无限循环的煎熬（jiān áo）战争！

**有多煎熬？
我说你看！**

战争刚开始，郑国都城的**城墙**就被楚军**打得稀巴烂。**

之后，楚军休战，要郑襄公**修好城墙。**

城墙修好后，楚军再开战，郑国都城的**城墙又被砸烂。**

这样的过程反复持续了三个月！

老天呀！ 再打下去，

郑襄公怕是要不行了！

你知道吗？人在遭遇或对抗重大压力后，会产生做噩梦、失眠、失忆、容易受惊吓、逃避会引发创伤回忆的事物等反应。

我现在看到砖头就想搬！

这是加班强迫症！

郑襄公

遭受了三个月的心理折磨，
郑襄公再也挺不下去了：**投降！我投降！**

他光着上身，手里牵着一头羊，带着都城里剩下的人，
跪在大路上迎接楚庄王。

这个举动叫作

ròu tǎn qiān yáng
肉 袒 牵 羊，

是春秋时期非常特别的礼仪。表示亡国的君主完全愿意臣服于敌人。

楚庄王要的就是这样的结果，

直接打进去灭了郑国就不是用"德"收服人心了。
他接受了郑襄公的投降，退军三十里，与郑国和谈。
正在和谈时，郑国找的靠山**晋国终于出兵了！**

正义从不缺席！只是会迟到！

你知道这三个月我是怎么过来的吗？

晋

郑襄公

郑国都求和了，这仗是打还是不打呢？

来救援的晋军内部展开了激烈的讨论。

正方： 来都来了，不能白跑一趟！说不定还能捞点军功。

中立： 等楚国撤军了，再去打下郑国，恢复控制权就行了！

反方： 还是不打了吧？楚国打败庸国后，

bì	lù	lán	lǚ
筚	路	蓝	缕

一直用他们祖先

的发展历史来激励百姓，从来不放松警惕（tì），很难打赢。

这个成语看上去有点难，我多讲点！

"筚路蓝缕"的意思是驾着简陋的柴车，穿着破烂的衣服开辟山林。现在用来形容创业的艰辛。**比如，**爸爸筚路蓝缕，苦心经营，才有了今天的成功。"筚路"就是柴车，这种车一般用荆竹编织，十分简陋，所以"筚路"泛指简陋的车子。"蓝缕"也写作"褴褛（lán lǚ）"，指破旧的衣服。

yī	shān	lán	lǚ
衣	衫	褴	褛

成语 衣衫褴褛 也由此而来。

讨论来讨论去也没个结果。

谁也没注意到，晋国"战神"先轸的后代先縠（hú）带着一部分晋军渡过黄河去和楚军开战了！

先縠真是 | gāng bì zì yòng | **刚愎自用** 啊！

这个成语是贬义词，指人固执任性，自认为正确，听不进任何意见或劝告。"愎"是固执任性的意思。**比如，**你在赛场上千万不能刚愎自用，要好好听教练的安排，和队友合作。

楚军发现了先縠，楚庄王又查探到晋军内部有矛盾，意见和行动都不统一。**看来楚国这一仗稳赢了！**

果然！ 一开战，晋军就被楚军打得稀里哗啦。

这就是历史上有名的**邲（bì）之战。** 第二天，楚军打扫战场，有个叫潘党的将军想拍楚庄王的"马屁"，提议建造京观来显摆楚庄王的战功。

结果这"马屁"拍到了马腿上！

你好好看看这个"武"字怎么写的！

潘党

楚庄王

武

春秋时期，战争过后，获胜的一方会把敌军的尸体收集起来，盖上土，堆成一个类似金字塔的大土堆，这就是"京观"。京观的作用是显示君威，震慑（shè）敌人。

嘿！

"止 + 戈 = 武"！

zhǐ	gē	wéi	wǔ
止	戈	为	武 ！

"止"是停止，"戈"是武器。平息战乱，停止使用武器，才是真正有"武德"！

打扫完战场，楚庄王率军来到郯地附近的践土，也就是晋文公重耳打败他爷爷楚成王后受封霸主的地方。楚庄王在这里举行了非常盛大的凯旋仪式。

三十多年了，爷爷，这口气我终于替您出了！

楚成王

楚庄王

收到！乖孙子有出息！不说了，我约了重耳踢球呢！

邲之战胜利，楚国不仅一雪城濮之战战败的耻辱，
还把晋国从天下霸主的位置上拉了下来，
形成了楚攻晋守的局面。 但中原的核心地带中，
还有宋国没有归附楚国呢！楚庄王想打宋国却找不到理由。
这时，一个叫申无畏的人主动申请去找宋国的"麻烦"。

申无畏果然很"无畏"！

他带着一队人马出使齐国，却不打招呼大摇大摆地
从宋国境内穿过去，结果被宋国扣押并杀了。
申无畏的死讯传回楚国——

打仗的理由有了！

楚庄王听到这个消息，没穿鞋，没拿剑，
也没有乘车，就光着脚冲出宫殿，**要为申无畏报仇。**
楚庄王随行的仆人一路追到房门处，才给他穿上鞋；
拿剑的人追到庭院，才给他配上剑；
赶车的人追到市场，才把他请上车。

这就是成语 剑（jiàn）及（jí）履（lǚ）及（jí）的由来。

现在它一般用来形容行动果决快速。

走，开打！

大王，您的装备！

楚庄王

好了！开打！

楚庄王出兵将宋国都城团团围住，宋国赶忙向晋国求援。
晋景公正打算派兵前往宋国，大臣伯宗却站了出来，
说救宋国这事，晋国是

biān	cháng	mò	jí
鞭	长	莫	及

。

原句为"虽鞭之长，不及马腹"，意思是鞭子虽然长，但
不能打到马肚子上。比喻力量达不到。

于是，晋景公只派了一位大夫去"忽悠"宋国，
说晋军马上就到了，让宋国不要放弃。没想到，
宋国打仗的实力不行，硬扛的本事不错。
宋军死死地防守了五个月，把楚军挡在都城外。
楚军和宋军就像两个比拼内力的高手，
都耗到了最后关头。

我想出城放风！

我想回家放松……

这样下去，恐怕会是**四个成语，一种结局——**

liǎng bài jù shāng
两败俱伤、

yú sǐ wǎng pò
鱼死网破、

yù shí jù fén
玉石俱焚、

tóng guī yú jìn
同归于尽！

不一个一个解释了，都是大家一起完的意思！

其实，打仗打到这个份儿上，双方都不丢人了！

而且楚国能在千里之外，让大军维持五个月，并且粮草供应充足，

说明楚国的实力确实很强——这么多人啊马啊的，

一天得吃多少粮呀！想到这一点，中原的诸侯们都非常震惊，

再也不敢小看楚国了。

最后，楚国和宋国签订了一个双方都有面子的盟约，

把这桩战事了（liǎo）了。双方在盟约上写明

"我无尔诈，尔无我虞"，

意思是"我不欺骗你，你也不要欺骗我"，表示互相信任。

ěr yú wǒ zhà
后来变成了 尔虞我诈。

现在比喻互相欺骗，彼此猜忌。**你可以这样用：**我们玩游戏或比赛都应当公平竞争，不该尔虞我诈。

有了这个盟约，楚军体面地撤军了，宋国也体面地臣服了。

这就是历史上有名的**围宋之战。**

没有出兵救援的晋国成了最大的输家，

名声一下子掉到了谷底。

围宋之战后，楚国通过一系列的军事和外交行动，

将中原地区的一些小诸侯国都拉到了自己的阵营下。

至此，**楚庄王的霸业达到了顶峰，**

他再也不用"装"了！

> 这位子，我坐得稳稳的啦！

霸

楚庄王

6

最后一场"大戏"

吴越争霸是春秋后期的最后一场"大戏"。

这场"大戏"的导演却是一个楚国人——

伍子胥（xū），以灭掉自己的祖国楚国为终极目标的

史上第一"复仇"男神！

来，自我介绍下！

通缉

伍子胥

伍子胥

不好意思，逃跑中，没空！

这是怎么回事呢？我简单说吧！

伍子胥的老爸伍奢（shē）遭到陷害，

伍家一家老小都被楚平王杀害，伍子胥也成了楚国的头号通缉犯。

杀父之仇、灭门之恨，这仇结大了！

孙儿呀，要不你学学爷爷，也出个谜语？

伍举

伍子胥

成语就是历史

平王他不看书，文化水平太低啊！

伍子胥的爷爷叫伍举，就是他给楚庄王出了关于鸟的谜语。伍举运气好，后来楚庄王"一鸣惊人"，他也受到了重用。可老爸伍奢的运气不太好。他碰上了跟儿子抢老婆的楚平王和奸（jiān）臣费无忌，劝说的话没人听也就算了，还惨遭灭门！

这一天，伍子胥逃到了楚国和吴国的边界——昭（zhāo）关。这是一座很大的边关城，**城里城外到处贴着通缉伍子胥的告示，**

tiān luó dì wǎng

可见楚平王布下了 **天罗地网**，

非要把他抓回去。

"天罗地网"指天空、地面都布下了网。比喻对坏人等设下的严密包围。"罗"指捕鸟的网。

唉，伍子胥的相貌太有特色了，不好蒙混过关呀！ 怎么办？

伍子胥急了一整夜，头发都急白了！

有了！ 东皋公是伍子胥的朋友，他想到了一个办法。他找来一个跟伍子胥长得很像的人和白头发的伍子胥一起过关。结果守关的士兵抓住了那个人，而伍子胥趁乱过了关。

抓获可疑目标！

通缉

伍子胥

东皋公

才出关，伍子胥又碰上一条江。**怎么渡江呢？**
这时一个渔翁划着小船过来，载上伍子胥，把他送过了江，
还请他饱餐一顿。伍子胥要把值一百两金的宝剑送给渔翁，

被渔翁拒绝了。

渔翁说，楚平王的赏金有五万石（dàn）米粮和一个爵位。
如果自己贪图金钱，怎么会帮助伍子胥呢？
现在就更不会贪图这把宝剑了！

lú	zhōng	tuō	dù
芦	中	托	渡

这就是成语 芦中托渡 的由来。

现在比喻靠人帮助摆脱险境。**你可以这样用：**爸爸去外地出
差，把手机和钱包弄丢了，靠着好心人芦中托渡才回到家。

逃出楚国后，伍子胥生病了。他没有钱，
只能一路乞讨，却经常饿肚子。
有一天，他快饿晕了，突然看到一个姑娘
在濑（lài）水边洗衣服，
身边放着一个食盒。

这个可以送给我吃不？

我妈说，不许和
陌生男人说话！

食盒

伍子胥

姑娘觉得伍子胥很可怜，于是把盒饭给了伍子胥。

然后？没有然后了——

据说，这位姑娘后来跳水而亡。

恩人，我还没有来得及报答你呢！

伍子胥

《东周列国志》里说，伍子胥在河边的大石头上写下血书："尔浣纱，我行乞；我腹饱，尔身溺。十年之后，千金报德。"后来，他果真实现了承诺，将一千两金投入濑水中。现在人们把未婚的女孩子称为"千金小姐"，据说是由此而来。

伍子胥到吴国后，开始吹箫卖艺。

成语 **吴市吹箫**（wú shì chuī xiāo）就是这么来的。

现在比喻在街头行乞或漂泊流浪，生活贫困。我们可千万不能用这个成语来夸流浪艺人很有才艺！

这哥哥好酷！

哪家染白发的技术这么好！

攒钱报仇！

吹得真不错！

伍子胥

伍子胥的长相太有特色了。这天，有人认出了他就是楚国有名的通缉犯伍子胥，并把他推荐给吴王僚（liáo）。

可是吴王僚并不看重他。后来，
他未来的"黄金搭档"——公子光出现了。
他们一个要向楚国复仇，一个要干掉国君自己上位。
两人一琢磨（zuó mo），开始了"复仇者联盟"的
第一次行动——**刺杀吴王僚。**

我助你上位！

专诸

伍子胥

公子光

我帮你灭国！

这次行动的难度可不小！

派谁去做这件危险的事呢？伍子胥心里已经有人选了。
他曾结交了一个刺客朋友专诸。
专诸是历史上"惧内第一人"——
除了怕老婆，什么都不怕！

和吴王僚见面，**安检的程序很复杂，**
想要带兵器去刺杀更不容易。但有伍子胥出主意，事情就好办了。

专诸

有刺客，有刺客！

吴王僚

春秋时期的剑都是短剑，最长只有五十多厘米。专诸刺杀吴王僚的剑是藏在鱼肚子里的，人们就叫它"鱼肠剑"或"鱼藏剑"。还有说法是剑身上的花纹像鱼肠，因此得名。鱼肠剑是古代十大名剑之一，被称为"绝勇之剑"。

"复仇者联盟" 的刺杀行动成功了！
但是那个为了刺杀吴王，
特地去学了厨艺的专诸最后还是被杀了。

公子光顺利上位，他就是历史上有名的吴王阖闾（hé lǘ）。
伍子胥受到了阖闾的重用，**成为吴国的"二把手"。**

吴王阖闾

伍子胥

第一步成功！ 现在该搞建设了！

伍子胥开始全方位地建设吴国。他干的第一件事是

修建新的国都——姑苏。

这里我熟，"姑苏城外寒山寺"呀！

张继

这里我也熟！"上有天堂，下有苏杭"的苏州！

上图中的张继是唐代的诗人，他写了一首叫《枫桥夜泊》的诗：月落乌啼霜满天，江枫渔火对愁眠。姑苏城外寒山寺，夜半钟声到客船。

伍子胥建姑苏城可不是想获取旅游收入，而是出于安全考虑。而且姑苏这地方水陆出行很方便，粮食储（chǔ）备也很丰富。

于是，一座**周长两万米左右，水陆有八个门的超级大城市出现了！**

接着，伍子胥又修建了我国历史上**第一条人工运河——胥江。**

这条运河既方便灌溉（guàn gài），又能使吴国的军队从大本营姑苏城直接到达楚国境内。

当然这些都是伍子胥评估了姑苏城的自然条件后

yīn	dì	zhì	yí
因	地	制	宜

的考虑。

这个成语的意思是根据当地的具体情况，制定或采取适当的措施。

这一顿操作使吴国的国力越来越强了。

**钱有了，粮有了，
伍子胥还需要一个强大的帮手帮他打仗。**

这时，他想到了在吴国隐居的齐国人孙武。别人不知道孙武，
伍子胥可是知道他写的《**孙子兵法**》有多厉害！

太棒了，欢迎你加入！

孙武

伍子胥

这个孙武真是不得了！他是兵家的**祖师爷**，
被大家尊称为"孙子"，也叫"**兵圣**"！

《**孙子兵法**》是他的代表作。
这本书现存十三篇，仅六千字左右，
但是里面留下来的成语真是不少！

如我们熟知的

zhī	bǐ	zhī	jǐ		bǎi	zhàn	bù	dài
知	彼	知	己	，	百	战	不	殆

告诉我们对敌我双方的情况都要了解透彻，这样每次打仗就不会失败。

又如

gōng	qí	bù	bèi		chū	qí	bù	yì
攻	其	不	备	，	出	其	不	意

告诉我们要趁敌人没有防备时进攻，在敌人意料不到的时候或地方出击，才能赢得胜利。

jìng	ruò	chǔ	zǐ		dòng	ruò	tuō	tù
静	若	处	子	，	动	若	脱	兔

形容军队未行动时就像未出嫁的女子那样沉静，一行动就像逃脱的兔子那样敏捷。记住，这个成语并不用来形容人的性格，更多是形容团队和组织有纪律，有行动力。

甚至连

táng	táng	zhèng	zhèng
堂	堂	正	正

这个你们常用来形容言行正派的成语，也出自《孙子兵法》。原来是形容强大整齐的样子。现在我们可以这样用：我爸爸做事认认真真，做人堂堂正正。

伍子胥向吴王阖闾推荐孙武。吴王阖闾开始还不在意，
直到伍子胥第七次说起孙武，他才重视起来。
他读了《孙子兵法》，立刻意识到这正是吴国需要的
强兵、用兵的宝典，他也成了孙武的"粉丝"。
吴王阖闾调了一百多名宫女和两个妃子，要孙武试验练兵。

开课了！

好晒呀，咱们什么时候能回去呀？

妆都花了！

孙武

孙武让她们把盔（kuī）甲穿戴好，站好队列，并开始讲解队形战术。
但孙武发出操练命令的时候，这些临时女兵**并没当回事，**
只是觉得好玩，在排练场嘻嘻哈哈、打打闹闹。
孙武又说了一遍操练要求，**再次发出号令，**
临时女兵们却哈哈大笑起来。

孙武的脸像冰块
一样冷，他这样

sān	lìng	wǔ	shēn
三	令	五	申

，

还是没人听从命令，他要"放大招"了！

"令"是命令的意思；"申"指陈述、说明。成语的意思是反复、多次命令、告诫。**你可以这样用：**学校已经三令五申，禁止学生带手机来校，你还不当回事。现在手机被没收了吧？

孙武下令把两个**当队长的妃子拖出去杀了！**
可她们是吴王阖闾最宠爱的妃子，
这下轮到阖闾惊慌了，赶忙跑出来求情。

孙武坚持自己的原则，**斩杀了两个队长。**
剩下的女兵害怕极了，立马乖乖听话，认真操练起来。
吴王阖闾痛失爱妃，但也因此知道
孙武是能帮他称霸的人才，于是重用了孙武。

《孙子兵法》就是《三十六计》吗？

当然不是！这两本书可太不一样了，连出现的时间都相差两千多年呢！《孙子兵法》是春秋时期孙武所作，是世界公认的军事理论著作，与《战争论》《五轮书》并称为"世界三大兵书"。《三十六计》大概在明清时期成书，作者不详。

除了年代和作者，它们的思想也有本质的区别。归根到底，《三十六计》讲的是谋略，是兵法中的"小术"；而《孙子兵法》讲的是战略，是用兵的"大道"。

吴如嵩（sōng）将军曾这样评价这两本书："两者不同的关键问题是在目的论上。《三十六计》认为只要能达到目的，一切损人利己的手段都可以使用，对'借刀杀人''趁火打劫''笑里藏刀''美人计'等极端诡谲（guǐ jué）的权谋大加渲染和滥（làn）用。而《孙子兵法》是高层次的战略学著作，民族英雄戚继光称《孙子兵法》是'上乘之教'。怎能把《孙子兵法》混同于《三十六计》呢？"

那两本书有没有相同的地方呢？哈哈，它们都有不少成语！如果你要读的话，还是读《孙子兵法》吧，读完能受益终身呢！

人到位了！下一步就是攻打楚国了！

有兵圣在，有宝典在！结果还用说吗？

哪怕吴国只有三万多兵力，楚国有二十多万兵力，
也一样五战五胜。最后，两国在柏举进行决战，
楚国的二十多万大军几乎全军覆没！

> 图中的四个短语是毛主席指导游击战的"十六字
> 方针"。毛主席也是熟读《孙子兵法》的人呢！

楚国被灭！伍子胥大仇报了！

这时候，楚平王早就进坟墓了。他的儿子——
十几岁的楚昭王也趁乱逃出去了。伍子胥心里恨极了，
找不到活人报仇，他就挖开楚平王的坟墓，用鞭子抽了三百下！

这也太过分了！
亏他做得出来！

对此，伍子胥用

rì mù tú yuǎn
日 暮 途 远

、

dào xíng nì shī
倒 行 逆 施

来回应。

他说自己已经老了，日子有限，急于报仇，

没有别的办法，
只好做这样违背常理的事！

"日暮途远"指太阳就要落山了，但距离目标的路途还很远。比喻没有力气和办法去完成目标了。"倒行逆施"本来是指做事违反常理。现在常常指做的事情违反时代潮流和人民意愿。比如，任何想要挑起战争的做法都是倒行逆施，大家要坚决抵制。

这两个成语的意思都不太好，
但愿你没机会用上！

伍子胥的回答是"吾日暮途远，吾故倒行而逆施之"。他这样说，你能原谅他吗？也有史书说伍子胥没有做这些事。

我知道这样做不对……

伍子胥

伍子胥以前在楚国有个朋友叫申包胥，
他既没有在国内从事抵抗行动，也没有随国君流亡国外，
而是**跑到秦国搬救兵去了。**

他见到秦哀公，用成语

fēng	shǐ	cháng	shé
封	豕	长	蛇

来描述吴国贪婪如大野猪，残暴如大蟒（mǎng）蛇。
"豕"是猪的意思。

他说，如果秦国不帮助楚国复国，吴国就要杀到秦国来了。

再不出兵的话，吴王还以为您怕了他呢！

秦哀公

申包胥

秦哀公才不想管他们两国之间的事呢！

他回答："好的好的，我再想想，你先回去休息吧！"

申包胥不放弃，他在秦国宫殿的城墙下使劲哭，
一连哭了七天七夜！

救命！救命啊！

申包胥

谁说哭没有用？

qín	tíng	zhī	kū
秦	庭	之	哭

申包胥这一哭可是历史上有名的 **秦庭之哭** 呀！

有一个说法是，秦哀公不知道是被感动了，还是被哭怕了，作了一首《无衣》诗，派秦军去救楚国。

《无衣》是《诗经·秦风》中流传很广的一篇，其中"岂曰无衣？与子同袍"一句能让人感受到秦国军民团结互助，共同抵御外敌的精神。全诗只有几句，非常容易记，你要是感兴趣可以找来读一读。

这时候，吴王阖闾和他的士兵们**占了楚国，都不愿意回国了。**但是，

táng	láng	bǔ	chán	huáng	què	zài	hòu
螳	螂	捕	蝉 ，	黄	雀	在	后 ，

吴国的邻居越国见吴王阖闾跑出去打仗了，**对吴国发起偷袭。**

"螳螂捕蝉，黄雀在后"的意思是螳螂正要捉蝉，却不知道后面的黄雀要吃它。比喻只看见前面可以获得的利益，不知道祸害就在后面。

未完待续……

福利时间

"吃货"们，集合啦！
"好吃"的成语大餐
准备开吃！

山珍海味　风卷残云

海错江瑶　浮瓜沉李　肥甘轻暖　殊滋异味

水陆毕陈　珠翠之珍　回味无穷　锦衣玉食

五味俱全　龙肝凤胆　别有风味　八珍玉食　狼吞虎咽

酒足饭饱　津津有味　三牲五鼎（shēng dǐng）　钟鸣鼎食　齿颊生香（jiá）

山肴野蔌（yáo sù）　膏粱锦绣（gāo liáng jǐn xiù）　大快朵颐（yí）　美食甘寝（qǐn）

大烹五鼎（pēng）　垂涎欲滴（xián）　炊金馔玉（zhuàn）　桂酒椒浆（jiāo）

嘉肴美馔（jiā yáo）　琼浆玉液（qióng jiāng）

中华美食文化可是在世界上都很出名的。我们的日常生活也离不开吃，
连孔子都是资深的"吃货"呢！快把上面的成语记下来，
下次说到美食，你就不会只有用"好吃"两个字可以形容啦！

图书在版编目（CIP）数据

呀，成语就是历史 . 第 1 辑 . 春秋 . ② / 国潮童书著
. -- 北京：台海出版社，2023.11
ISBN 978-7-5168-3651-4

Ⅰ . ①呀… Ⅱ . ①国… Ⅲ . ①汉语 - 成语 - 故事 - 少
儿读物 Ⅳ . ① H136.31-49

中国国家版本馆 CIP 数据核字 (2023) 第 184409 号

呀，成语就是历史 . 第 1 辑 . 春秋 . ②

著　　者：国潮童书　　　　　　　　图画绘制：丁大亮
责任编辑：戴　晨

出版发行：台海出版社
地　　址：北京市东城区景山东街 20 号　　　邮政编码：100009
电　　话：010-64041652（发行，邮购）
传　　真：010-84045799（总编室）
网　　址：www.taimeng.org.cn/thcbs/default.htm
E－mail：thcbs@126.com

经　　销：全国各地新华书店
印　　刷：天津海顺印业包装有限公司
本书如有破损、缺页、装订错误，请与本社联系调换

开　　本：710 毫米 ×1000 毫米　　　　　1/16
字　　数：500 千字　　　　　　　　　　印　张：63
版　　次：2023 年 11 月第 1 版　　　　　印　次：2025 年 4 月第 3 次印刷
书　　号：ISBN 978-7-5168-3651-4
定　　价：300.00 元（全 10 册）